Barbara Hickmann

Die

BOMBAY - KATZE

Ein Rasseportrait

Die vorliegende Ausgabe ist als Book on Demand über die neue Digitaldruck-Technologie BoD TM hergestellt worden und über den klassischen Buchhandel sowie Internet-Buchhandlungen zu beziehen.

Die Rechtschreibung folgt weder der neuen noch der alten, sondern der der Autorin (Redaktionsschluss: Oktober 2014)

Titelbild:
Bombay-Katze aus der Zucht der Autorin

Weitere Webseiten der Autorin:
www.katzenbuch.eu
www.bombay-cats.com

Text und Buchgestaltung: Barbara Hickmann, Daaden
Umschlagsgestaltung: für diese Ausgabe by Books on Demand GmbH, Norderstedt

Herstellung und Vertrieb: Books on Demand GmbH, Gutenbergring 53, D-2284 Norderstedt - www.bod.de

Inhaltsverzeichnis

Vorwort

Die Bombay-Katze gehört zu den seltensten Katzenrassen der Welt und sie ist dadurch immer noch sehr unbekannt.

Die Literatur über diese Katzenrasse ist nach wie vor sehr spärlich und wer nicht gezielt nach dieser Rasse sucht, wird in den meisten Katzenbüchern nur sehr wenig über die Bombay finden.

Seit 2010 züchte ich diese wundervolle Katzenrasse und der Gedanke, eine rassespezifische Publikation über die Bombay-Katze zu schreiben, ließ mich nicht mehr los.

So ist dieses Buch entstanden und es soll Sie, liebe Katzenliebhaber, einerseits über die Bombay-Katze informieren, Ihnen andererseits aber auch offen und ehrlich aufzeigen, wie schwierig die Zucht dieser liebenswerten Katzen immer noch ist.

Ich hoffe sehr, dass ich mit diesem Buch dazu beitragen kann, Ihnen liebe Leser, diese tollen Katzen näher zu bringen und Züchter zu animieren, sich engagierter für die genetische Gesundheit und Erhaltung dieser Katzenrasse einzusetzen, damit uns diese erhalten bleibt.

Und nun wünsche ich Ihnen viel Spaß und Neugier beim Lesen.

Barbara Hickmann   Oktober 2014

Die Entstehung der Bombay-Katze

1958 startete die amerikanische Züchterin Nikki Horner unter dem Zwingernamen „Shawnee-Cattery", Louisville, Kentucky, USA den Versuch, einen schwarzen „Miniatur-Panther" zu züchten. Dazu verpaarte sie eine schwarze American Shorthair mit einem braunen Burmesen.

Anfangs waren die Zuchtergebnisse jedoch nicht zufriedenstellend und so dauerte es noch einige Jahre mit verschiedenen Zuchtpaaren, bis Mrs. Horner mit ihrer Zuchtarbeit das erreicht hatte, was sie wollte: eine gut proportionierte kräftige schwarze Katze, mit glänzendem lackähnlichem kurzen Fell und einer goldenen Augenfarbe.

Bis zur Anerkennung für Katzenausstellungen und die Anwartschaft auf Champion-Titel durch die Cat Fanciers' Association (CFA), USA, dauerte es jedoch noch viele Jahre und erst im Jahr 1976 erhielt die schwarze Bombay bei der CFA den Champion-Status. Damit konnte die Bombay auf Katzenausstellungen ausgestellt und prämiert werden.

Während die schwarze Bombay im Laufe der Zeit in den USA von allen Katzenvereinen anerkannt wurde, gibt es in Europa immer noch Katzenvereine, die bis heute die Bombay-Katzen **nicht** anerkennen, was bedeutet, dass diese Katzenrasse bei solchen Vereinen nicht ausgestellt werden kann.

Auch das ist sicherlich ein weiterer Grund, warum es die Bombay-Katze so schwer hat, in der Öffentlichkeit wahrgenommen zu werden, denn dadurch findet man sie eher selten auf Katzenausstellungen in Deutschland.

Die Bombay-Katze gibt es jedoch nicht nur in schwarz, sondern auch in **braun**. Der Grund hierfür ist, dass das braune Farb-

Gen durch die anfängliche Verpaarung zwischen einer schwarzen American Shorthair Katze und einem braunen Burmesen, *durch den braunen Burmesen* in die Nachkommen dieser Verpaarung gekommen ist.

Die braune Bombay, auch „sable Bombay" genannt, hat bis zum heutigen Tag, im Jahr 2014, immer noch keinen Champion-Status und immer noch keine Anerkennung erhalten, da fast alle Züchter (und Vereine) sich nur auf die Farbe „schwarz" versteift und die „sable Bombay" immer wieder verleugnet haben. Sie wurde schlichtweg von den meisten Bombay-Züchtern als „Burma-Katze" deklariert und erhielt von den Katzenvereinen auch den „passenden Burma-Stammbaum".

Dabei entstand die schwarze Bombay nur durch die Verpaarung von „schwarz x braun", aber das wird auch heute noch, über 60 Jahre nach Beginn dieser Zucht, ignoriert, denn auch heute akzeptieren die meisten Züchter weltweit nur die schwarze Bombay als Bombay-Katze. Die braunen Geschwister werden einfach einer falschen Rasse zugeordnet und als diese dann auch verkauft.

Es ist zwar erlaubt, diese falschen braunen Burma-Katzen, oder richtig ausgesprochen „sable Bombay-Katzen" weiterhin in die Bombay-Zucht einzukreuzen, aber als „sable Bombay" können sie nicht auf einer Katzenausstellung als „Bombay in sable" ausgestellt werden.

Lesen Sie hierzu auch das Kapitel über die „Sable Bombay"

Die Bombay-Katze wird es immer wieder in schwarz und in braun geben, denn aufgrund des immer noch sehr engen Genpools, sind die Züchter unter anderem auf die Einkreuzung von echten braunen Burma-Katzen, oder sable Bombay angewiesen.

So kann es nicht nur bei schwarzen + braunen Elterntieren zu schwarzen **und** braunen Jungtieren kommen, sondern es können auch braune Jungtiere geboren werden, deren Eltern **beide schwarz sind.**

Das braune Farb-Gen wird rezessiv vererbt. Das heißt, wenn z.B. der schwarze Papa braun trägt und die schwarze Mama auch, dann werden ebenfalls braune Jungtiere geboren, auch wenn beide Elterntiere schwarz sind.

Trägt jedoch ein Elterntier das braune Farb-Gen nicht und ist demzufolge „reinerbig schwarz", dann werden nur schwarze Jungtiere geboren, auch wenn das andere Elternteil braun trägt. Der Grund hierfür ist, dass „reinerbig schwarz" dominant ist.

I*Love*You Jenny-Lee – sable Bombay

Hier noch einmal eine kleine Übersicht zum besseren
Verständnis:

Kater
schwarz, ohne braun

Katze
schwarz, ohne braun

alle Jungtiere sind schwarz

―――

Kater
schwarz, mit braun

Katze
schwarz, mit braun

Jungtiere in schwarz und braun

―――

Kater/Katze
schwarz, ohne braun

Katze/Kater
schwarz, mit braun

alle Jungtiere sind schwarz

―――

Kater/Katze
braun (echte Burma oder sable Bombay)

Katze/Kater
schwarz, ohne braun

alle Jungtiere sind schwarz*

―――

Kater/Katze
braun (echte Burma oder sable Bombay)

Katze/Kater
schwarz, mit braun

Jungtiere in schwarz und braun

Die verschiedenen Typen der Bombay-Katze

Die Bombay gibt es in verschiedenen Typen und am unterschiedlichsten ist die jeweilige Kopfform:

So gibt es die

> ➢ Amerikanische contemporary Bombay
> ➢ Amerikanische traditional Bombay
> ➢ Die Bombay im europäischen Typ

Die amerikanische contemporary Bombay

Die amerikanische contemporary Bombay, auch Bombay „moderner Typ" genannt, hat einen kurzen, runden Kopf und auch die Nase ist kurz mit tiefem „break". Ihr Körperbau ist kräftig, muskulös und die Augenform ist rund.

Sie ist vom Typ her die rundeste und kürzeste Bombay-Katze vom Kopf her.

Die contemporary Bombay ist weltweit die am häufigsten gezüchtete Zuchtform.

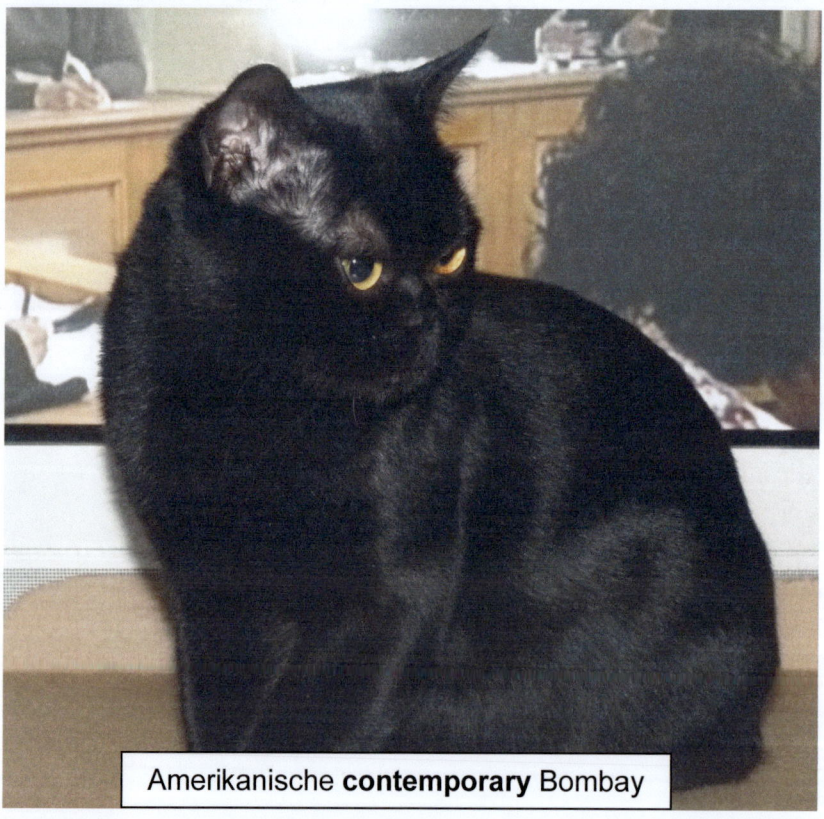

Amerikanische **contemporary** Bombay

Die amerikanische traditional Bombay

Die amerikanische traditional Bombay ist vom Kopf her schmaler und etwas länger im Profil, was auch zu einem längeren Näschen führt. Die traditionelle Bombay, bzw. die Bombay im traditionellen Typ hat runde Augen und der Körperbau wirkt feingliedriger, als der Körperbau der contemporary Bombay.

Diese Zuchtform ist inzwischen als „reine traditional Bombay" fast ausgestorben und es kann, aufgrund der immer weniger zur Verfügung stehenden, reinen traditionellen Paarungspartner, kaum noch die traditionelle Reinform gezüchtet werden. So kreuzen mittlerweile selbst traditional Bombay-Züchter in den USA contemporary Bombay, oder europäische Burmesen in ihre traditional Linien ein.

So mancher Züchter, der damit wirbt, die noch „seltene traditionelle Zuchtform zu züchten", unterliegt nicht selten seinem eigenen Irrglauben, denn die „Reinform" lässt sich nicht durch sichtbare 4 Generationen im Stammbaum belegen, sondern dazu muss man auch in die hinteren Generationen schauen (vorausgesetzt, der Züchter ist überhaupt in der Lage einen Stammbaum richtig lesen zu können).

Schaut man sich die hinteren Generationen, ab der 5.Generation aufwärts an, so findet man bei der einen oder anderen „reinen traditional Bombay" plötzlich andere Blutlinien (contemporary oder europäische Burmesen) dazwischen, die nicht in die reine traditional Zucht gehören.

Selbstverständlich ist das für die Bombay-Katze selbst kein Makel, denn diese Daten wurden ja korrekt in den Stammbaum eingetragen, nur ist diese Bombay-Katze dann korrekterweise keine „traditionelle Reinform" mehr.

Es ist leider zu befürchten, dass die Reinform der amerikanischen traditionellen Bombay aufgrund der zu wenigen richtigen Paarungspartner in den kommenden Jahren aussterben wird, wenn die Züchter nicht den direkten Zuchtanfang mit den gleichen Rassen, wie damals, neu starten.

Amerikanischer

traditional

Typ

Die Bombay im europäischen Typ

Die Bombay im europäischen Typ entstand in meiner Zucht aus der Verpaarung einer europäischen Burma-Katze und einem amerikanischen contemporary Bombay-Kater.

Der Nachwuchs war so vielversprechend, dass immer wieder in die Nachfolgegenerationen europäische Burmesen eingekreuzt wurden, so dass ein völlig anderer Bombay-Typ zur amerikanischen Bombay entstand.

Die europäische Bombay hat viel mit der Burma-Katze im Phänotyp gemeinsam, was auf die Einkreuzung der Burmesen zurückzuführen ist. Die europäische Bombay ist kräftig und muskulös, jedoch nicht dick. Die Augenform ist mandelförmig.

Bombay im **europäischen** Typ

Erblich bedingte Erkrankungen

Der „Head-Defect"
- ein großes Problem in der Zucht -

Die Zucht der Bombay-Katze ist für Züchter immer noch eine Herausforderung, denn die Bombay ist genetisch noch sehr stark belastet.

Um Mißverständnissen vorzubeugen, so ist hier **nicht** die „normale Gesundheit" gemeint (Infektanfälligkeit, Immunsystem etc.), sondern genetisch bedingte Erbkrankheiten.

Es handelt sich bei dem Head-Defect um die rezessive Mutation eines Gens, welches für die Entwicklung des Gehirns zuständig ist.

Eine Kopie dieser Mutation führt bei den Nachkommen zwar nicht zum Gesichtsschädeldefekt, kann aber eine verkürzte Gesichtsstruktur (Brachyzephalie) erzeugen.

Zwei Kopien dieser Mutation verursachen schwere Schädel-Defekte (Craniofacial Defect).

Kitten, die mit dem „Craniofacial Defect" geboren werden, sind nicht lebensfähig, denn diese Jungtiere weisen kein normales Gesicht auf. Die Schädeldecke hat sich nicht ausgebildet und das Hirnwasser schwimmt unter der Haut. Der Kopf ist völlig deformiert. Ohren und Augen sind häufig gar nicht angelegt und da, wo eigentlich ein geschlossenes Mäulchen ist, sieht man in ein offenes Loch bis hinter zum Hals. Dieser Anblick lässt selbst den erfahrensten Züchter um Fassung ringen und ich habe daher auch bewusst auf die Veröffentlichung von Bildern verzichtet. Falls Sie Bildmaterial anschauen möchten, so informieren Sie sich bitte darüber im Internet.

Dieser „Head Defect" kam durch die amerikanische contemporary Burma in die Bombay-Zucht und ist auch heute noch in den amerikanischen **contemporary** Bombay- und Burma-Linien weit verbreitet.

Wenn dieser Gen-Defekt von beiden Elterntieren getragen wird, so werden schwer mißgebildete Kitten geboren.

Trägt nur ein Elterntier diesen Gen-Defekt, so werden die Jungtiere zwar gesund, also ohne Mißbildung geboren, aber ein gewisser Prozentsatz dieser Jungtiere ist wiederum Trägertier dieses Defektes, was zur Folge hat, dass dieser Defekt in der Bombay-Zucht weiter und weiter und weiter gegeben wird.

Zwar kann man auf diesen Defekt inzwischen testen lassen, doch immer noch tun sich viele Züchter damit schwer. Andere wiederum verpaaren gezielt Trägertiere mit Nicht-Trägertieren und sind damit der Meinung, alles zur Gesundheit getan zu haben, denn schließlich können so keine mißgebildeten Jungtiere geboren werden. Dass hier aber kontinuierlich neue Trägertiere entstehen, die wiederum in andere Zuchten verkauft und eingesetzt werden, was ebenfalls wieder dazu beiträgt, dass der Gen-Defekt immer weiter vererbt wird, das scheint so manchen Bombay-Züchter nicht zu interessieren.

Die nachfolgende Aufstellung verdeutlicht noch einmal, wie leicht dieser Defekt weitergegeben werden kann.

Zur Erläuterung:

Kein Träger
Die Katze ist kein Träger des mutanten Gens und wird nie den Head-Defect weiter vererben.

Träger
Die Katze trägt *eine Kopie des mutierten Gens* und eine Kopie des normalen Gens.
Katzen mit einer Kopie der Mutation haben keinen craniofazialen Defect, können aber eine verkürzte Gesichtsstruktur (Brachyzephalie) vererben.

Betroffen
Die Katze trägt *zwei Kopien des mutierten Gens* und daher wird das mutierte Gen an ihre gesamten Nachkommen weitergeben.

Kater	Katze	Juntgtiere
kein Träger	kein Träger	alle gesund keine Trägertiere
kein Träger	Träger	50% Trägertiere 50% keine Trägertiere
kein Träger	Betroffen	100% Trägertiere
Träger	kein Träger	50% Trägertiere 50% keine Trägertiere
Träger	Träger	50% Mißbildung 25% Trägertiere 25% keine Trägertiere
Träger	Betroffen	50% Mißbildung 50% Trägertiere
Betroffen	kein Träger	100% Trägertiere
Betroffen	Träger	50% Mißbildung 50% Trägertiere
Betroffen	Betroffen	100% Defekt-Wurf

Dieser Head-Defect zieht sich weltweit wie ein roter Faden durch alle contemporary Bombay- und auch Burma-Zuchten und wenn die Züchter nicht anfangen, gemeinsam auf die Eliminierung dieses Gen-Defekts hinzuarbeiten, wird es eines Tages keine einzige amerikanische contemporary Bombay-Katze mehr geben, die frei von diesem erblichen Defekt ist.

Dabei ist der Weg zu einer „Head-Defect freien Zucht" gar nicht so schwer, wenn man den inzwischen angebotenen DNA-Test kontinuierlich bei den Nachkommen durchführen lässt und nur noch die Jungtiere zur Nachzucht behält, die auf den Head-Defect negativ getestet wurden.

Geht man von der zuvor beschriebenen Tabelle aus, so gibt es verschiedene Varianten, wie man mit Trägertieren und Nicht-Trägertieren verpaaren kann, ohne dass es zu mißgebildeten Nachkommen kommt.

Da man hierbei jedoch wiederum Trägertiere hervor bringt, ist es nun notwendig, alle Jungtiere aus dem Wurf auf den Head-Defect testen zu lassen und nur die negativ getesteten Jungtiere zur Weiterzucht zu behalten.

Positive Elterntiere sollten nach solch einem Wurf dann kastriert und aus der Zucht genommen werden.

So schafft man es im Laufe der Zeit, einen kompletten Zuchtbestand aufzubauen, der „Head-Defect" frei ist und was kein Trägertier ist, wird niemals diesen Gen-Defekt weiter vererben können.

Züchter, die aus anderen Zuchten neue Zuchttiere kaufen möchten, sollten ausschließlich negativ getestete Tiere nehmen und Abstand vom Kauf, wenn sich ein Züchter weigert, solch einen Test durchzuführen.

Es ist zu wünschen, dass diese Erkenntnis bei immer mehr Bombay-Züchtern ankommen wird, denn nur so ist es zu schaffen, dass diese furchtbare Erbkrankheit eines Tages der Vergangenheit angehört.

GM2-Gangliosidose

Die Gangliosidose ist eine lysosomale Speicherkrankheit, die einen Enzymmangel verursacht und dadurch lebenswichtige Zellfunktionen im Gehirn gestört werden. Die Folge sind schwere Krankheitssymptome.

Diese Erkrankung wird autosomal-rezessiv vererbt.

Die Gangliosidose gibt in zwei verschiedenen Formen, wobei die GM2-Gangliosidose für die Bombay eine größere Bedeutung hat, da die GM2 u.a. auch bei Burma-Katzen festgestellt wurde. So kann man nicht ausschließen, dass, genauso wie der Head-Defect, durch die Einkreuzung von Burma-Katzen, auch die GM2-Gangliosidose, in die Bombay-Rasse gekommen ist.

Bricht die Krankheit aus, so sind typische Symptome:

- Kopfzittern
- Eingeschränkte Bewegungsfähigkeit der Hinterbeine
- eventuelle Lähmung

Während sich der Head-Defect direkt nach der Geburt zeigt, kann es bei der GM2 länger dauern, bis diese Erkrankung sichtbar wird. Im schlimmsten Fall zeigen sich die Krankheitssymptome erst nach der Umsetzung ins neue zu Hause.

Die einzige Chance, diese Erbkrankheit in den Griff zu bekommen und sie erfolgreich zu eliminieren ist, dass nur mit negativ getesteten Zuchttieren gezüchtet wird. Ein verantwortungsvoller Züchter macht das, denn es ist heute kein Problem mehr, Bombay- und auch Burma-Katzen auf GM2-Gangliosidose testen zu lassen.

Kaufen Sie als Liebhaber und späterer Katzenbesitzer Ihr Jungtier bitte nur von getesten Elterntieren. Sie unterstützen durch Ihr Verhalten, dass die Züchter immer mehr testen werden und das kommt wiederum auch der Gesunderhaltung der Bombay zugute.

Hypokaliämie

Die Hypokaliämie ist eine Erkrankung, die bei der Burma-Katze und auch bei der Australian Mist (die australische Burmalinien hat) festgestellt wurde. Dieser genetische Defekt löst Muskelschwäche aus und kann auf einzelne Muskeln beschränkt sein, aber auch den ganzen Körper betreffen

Erkrankte Katzen zeigen Schwierigkeiten beim Laufen und Springen und haben ebenso Probleme mit einer korrekten Kopfhaltung.

Typisch ist auch ein erniedrigter Kaliumwert im Blut und erhöhte Creatinin-Kinase-Werte.

Erkrankt eine Katze daran, wird eine spezielle Diät mit zusätzlicher Kalium-Gabe notwendig.

Auch diese Erkrankung ist in der Bombay-Zucht nicht auszuschließen, da die Bombay nun einmal über viele Burma-Vorfahren verfügt und auch heute noch mit Burmesen verpaart wird.

Man kann auch nicht von länderspezifischen Problemen sprechen, denn australische Burma-Katzen wurden in Deutschland zur Verfestigung des „europäischen Bombay-Typs" eingekreuzt und es ist bekannt, dass Hypokaliämie-Fälle auch in schwedischen Burma-Zuchten aufgetreten sind.

Hypokaliämie ist in der Burma-Rasse nicht so selten, wie mancher glaubt und es kann keine Vorsorge sein, Trägertiere mit Nicht-Trägertieren zu verpaaren, damit es nicht zur Erkrankung kommt, sondern auch hier hilft nur, dass man testet und die positiven Zuchttiere aus der Zucht nimmt.

PKD1

Die polyzystische Nierenerkrankung, die dazu führt, dass sich Zysten in Leber, Bauchspeicheldrüse und Niere bilden, was letztlich zum Nierenversagen führt, ist eine erblich bedingte Erkrankung, die häufig und fälschlicherweise als „Perserkatzen-Problem" angesehen wird.

Das ist diese Erkrankung nicht. Zwar hört man vermehrt über die Erkrankungen bei Perserkatzen, aber meines Erachtens liegt das nur daran, dass die Perser-Züchter dieses Problem offener publik gemacht haben.

Inzwischen weiß man, dass die Erkrankung nicht nur ein Perserkatzen-Problem ist, sondern auch andere Katzenrassen betrifft.

Bisher ist mir nicht bekannt geworden, ob es auch bei der Bombay (oder Burma) schon zu PKD-Fällen gekommen ist, doch das ist noch keine Garantie, dass es tatsächlich keine Erkrankungsfälle gegeben hat, denn nicht jeder Katzenkäufer informiert später seinen Züchter darüber, dass die gekaufte Katze z.B. Nierenprobleme entwickelt hat. So kann es der Züchter dann auch nicht wissen und wiegt sich eventuell in falscher Sicherheit.

Inzwischen gibt es einen Test, mit dem man auf die polyzystische Nierenerkrankung mittels DNA testen kann und dieser ist auch für die Bombay-Katze geeignet. So hat man die Möglichkeit, ebenfalls auf diese Erkrankung vorsorglich untersuchen zu lassen.

Die sable Bombay

Wie bereits im Kapitel über die Entstehung der Bombay-Katze beschrieben, entstand die Bombay aus der Verpaarung zwischen einer schwarzen American Shorthair-Katze und einer braunen Burma-Katze.

Durch die Einkreuzung der braunen Burma tragen daher auch schwarze Bombay-Katzen das braune Farbgen, was wiederum zur Folge hat, dass es nicht nur schwarze Bombay-Katzen gibt, sondern auch braune, die sog. „sable Bombay".

Am bekanntesten ist zur Zeit immer noch die schwarze Bombay-Katze, da diese von vielen Katzenvereinen als einzige Bombay-Farbe beworben wird.

Ebenso wird dies fälschlicherweise auch in Katzenzeitschriften so beschrieben, denn in Rasseportraits werden seitenweise

Bilder von schwarzen Bombay-Katzen gezeigt, aber kein einziges Bild von einer braunen Bombay.

98% der Bombay-Züchter machen die Ignoranz der sable Bombay mit. Diese Züchter schieben die sable Bombay einfach in eine andere Rasse und bezeichnen sie dann als „braune Burma", so dass vielen Liebhabern weiterhin vermittelt wird, dass es nur und ausschließlich schwarze Bombay-Katzen gibt.

Die meisten Katzenvereine unterstützen dieses Vorgehen mit der Begründung, dass braune Katzen in die Kategorie der "Burma-Katzen" gehören, ohne sich über die Genetik Gedanken zu machen,

**dass eine Burma keine Bombay ist
und eine Bombay keine Burma.**

Wozu sonst wurden aus diesen Katzen zwei unterschiedliche Rassen mit unterschiedlichen Vorfahren und unterschiedlichem Genpool?

Diese braunen Jungtiere sind **KEINE** Burma-Katzen und wer sich mit Genetik auskennt (das sollte eigentlich Voraussetzung zur Katzenzucht sein), der weiß das auch.

- *Fragen Sie hierzu bitte auch einmal seriöse und langjährige Burma-Züchter. Diese werden es Ihnen bestätigen, dass braune Jungtiere, die Bombay-Katzen als Eltern haben, **KEINE** Burma-Katzen sind.*

Wenn ein Bombay-Wurf aus schwarzen und braunen Jungtieren besteht, so sind diese Jungtiere, genauso wie die Eltern, *Bombay-Katzen* und nicht eines ist eine Bombay, weil es schwarz ist und das andere wird zur Burma, weil es braun ist.

Um es besser verdeutlichen zu können, ein kleines Beispiel:

Sie werden mit blonden Haaren geboren und Ihr Bruder kommt mit braunen Haaren auf die Welt.
Weil Ihre Eltern blond sind, freuen sich Ihre Eltern natürlich über Ihre blonde Haarfarbe und sind richtig stolz auf Sie, als deren Sohn,
Ihr Bruder mit den braunen Haaren aber passt nicht ins äußere Erscheinungsbild Ihrer Eltern und deshalb werden bei ihm dann die Nachbarn als Eltern in die Geburtsurkunde eingetragen......

Genau das passiert mit den braunen Nachkommen bei den meisten Bombay-Züchtern, mit Akzeptanz der jeweiligen Katzenvereine.

Achten Sie darauf und bestehen Sie bei einem braunen Jungtier aus einem Bombay-Wurf auf die richtige Bezeichnung im Stammbaum, die lauten muss "*sable Bombay oder Bombay sable*", auch wenn man Ihnen vielleicht erklären will, dass man in den USA die braunen Jungtiere ja auch als Burma-Katzen bezeichnet....

Man sollte beachten: Wir leben und züchten nicht in Amerika, sondern in Deutschland und was in den USA gemacht wird, gibt uns noch lange nicht in Deutschland einen Freifahrtschein.

In Amerika gibt es auch noch die Todesstrafe.....deswegen wird sie in Deutschland trotzdem nicht nachgemacht und praktiziert.

Die Burma-Katze ist eine eigenständige Rasse und es ist nicht erlaubt, die Burma - für die Burma-Zucht - mit Bombay zu kreuzen (umgekehrt darf die Bombay mit Burma verpaart werden, aber **nur für die Bombay-Zucht**).

Es gibt auch **keine** schwarzen Burma-Katzen. Deshalb ist eine Burma nur dann eine **reine** Burma, wenn diese im Stammbaum **keine (schwarzen) Bombay-Katzen** aufweist.

Auf einer Webseite im Internet fand ich vor einiger Zeit eine Aussage auf die sable Bombay, die mich wirklich sprachlos machte und ich empfand es direkt als bewussten Betrug am künftigen Katzenliebhaber.

Machen Sie sich bitte selbst Ihre Gedanken über die nachfolgende Aussage:

Wer auf der Suche nach einer Burma-Katze ist, tut gut daran, auch einen Bombay-Züchter zu kontaktieren, da nur ein geschultes Auge die Unterschiede zwischen einer sable Bombay und einer reinen Burma bemerken wird......

- Und genau hierauf verlassen sich die Bombay-Züchter, dass ein Laie sowieso nicht merkt, dass diese „braune Burma" aus dem Bombay-Wurf, ja gar keine echte Burma ist. Sieht sie doch schließlich aus wie eine braune Burma.....
  (meine persönliche Anmerkung).

Für viele Züchter ist die sable Bombay immer noch ein "Nebenprodukt" und man muss sich hierbei fragen, ob sich manche Züchter eigentlich wirklich mit vollem Enthusiasmus mit der Zucht dieser tollen Rasse beschäftigen, oder ob es ihnen nur darum geht, mit schwarzen Bombay-Katzen auf der Ausstellungsbühne zu stehen, um das eigene Ego zu befriedigen.

Dieser Umgang mit den sable Bombay-Katzen macht engagierte Züchter nur noch traurig, denn **die sable Bombay ist im Grunde ein richtiger Diamant in der Bombay-Zucht und etwas ganz besonderes.**

Die sable Bombay ist genau genommen eine "*limitierte*" Katze, die nicht jeder besitzt und erwerben kann, weil sie viel seltener geboren wird, als schwarze Bombay-Katzen.

Wenn man es dann auch noch von der Exklusivität her sieht, so **ist die sable Bombay eine echte Rarität**, denn es werden nie so viele braune Jungtiere in einem Bombay-Wurf geboren, wie schwarze Bombay-Katzen.

Nach über 60 Jahren, seit Beginn der Bombay-Zucht, sollte es nun eigentlich an der Zeit sein, diesen wunderschönen Katzen nicht mehr ihre Identität zu rauben.

Es wäre eine Leichtigkeit, würden sich die Züchter gemeinsam mit ihrem braunen Nachwuchs für eine Anerkennung einsetzen und sich bei den Dachverbänden dafür stark machen. Leider aber scheint das die Bombay-Züchter weltweit nicht zu interessieren.

Bombay-Liebhaber aber könnten es unterstützen und auch erreichen, dass die Züchter in Bewegung kommen, wenn sie einfach darauf achten, dass sie mit ihrem braunen Jungtiertier von Bombay-Eltern, auch den korrekten Stammbaum, mit der *richtigen* Rassebezeichnung, erhalten.

Wenn Züchter Probleme bekommen, ihren braunen Bombay-Nachwuchs nicht mehr als *Burma* verkaufen zu können, ist der Zeitpunkt gekommen, an dem diese Züchter sich engagieren werden, dass die sable Bombay zur Anerkennung kommt und als das akzeptiert wird, was sie ist: eine **sable Bombay**

Die Faszination und das Wesen der Bombay-Katze

Die Bombay-Katze ist einfach eine tolle Katze mit einem tollen Charakter.

So könnte man es in einem Satz ausdrücken.

Man ist immer wieder begeistert von ihrem glänzenden schwarzen Fell und der leuchtenden goldgelben Augenfarbe, die teilweise noch einen dunklen orangefarbenen Ton hat.

Selbst Menschen, die eigentlich keine Katzen mögen, sind immer wieder beeindruckt von der umwerfenden Ausstrahlung der Bombay-Katze.

Doch nicht nur diese Ausstrahlung fasziniert an dieser Katzenrasse, sondern auch ihr sanfter und liebenswerter Charakter, der sie zu einer idealen Familienkatze macht.

Bombay-Katzen sind sehr sozial und passen sich den Wohnungsverhältnissen ohne Probleme an. Es spielt keine Rolle, ob die Katze in einer kleineren Wohnung oder einer großen Wohnung lebt. Viel wichtiger ist ein harmonisches und liebevolles Zusammenleben mit den Menschen, bei dem die Bombay geliebt und verwöhnt wird.

In der Familie sind sie sehr angenehme Katzen, die zwar mitunter mit ihren Menschen "sprechen", ohne dabei aber zu nerven, oder laut zu sein.

Sie sind extrem verschmuste Katzen und lieben es, immer in der Nähe ihrer Menschen zu sein. Man kann ihnen kleine Kunststückchen beibringen und mitunter aportieren sie Spielzeug wie Hunde.

An katzenverträgliche Hunde kann man die Bombay-Katze schnell gewöhnen. Überlieferungen zufolge sollen sich Bombay-Katzen sogar schneller an Hunde gewöhnen, als andere Katzenrassen.

Für – gefühlvolle – Kinder sind Bombay-Katzen nicht nur Spielkamerad, sondern auch Seelentröster und ein Freund fürs Leben.

Mitunter neigt die Bombay-Katze *anderen Katzen gegenüber* zur Dominanz, deshalb sollte man darauf achten, sie möglichst nicht mit Rassen zu vergesellschaften, die selbst eine starke Dominanz aufweisen.

Die Bombay-Katze gilt als gesundheitlich robust und daher ist es keine Seltenheit, dass diese Katzen 19 Jahre und älter werden können.

Ihr Fell ist pflegeleicht, haart kaum und braucht keine besondere Fellpflege.

Die Bombay gehört zu den frühreifen Katzenrassen. Das bedeutet, dass ein Bombay-Mädchen bereits mit 4-5 Monaten zum ersten Mal rollig werden und es tatsächlich dann auch zur Trächtigkeit kommen kann, wenn gleichzeitig ein geschlechtsreifer Kater in der Nähe ist.

Auch Bombay-Kater können mitunter schon ab dem 6. Monat zu decken anfangen. Die irrige Meinung wird auch heute noch verbreitet, dass ein Kater „ja erst eine zeitlang üben muss....", doch sollte man sich nicht darauf verlassen. Es gab schon Kater, die bereits mit 5 Monaten erfolgreich gedeckt haben und 9 Wochen später Vater wurden.

Wenn die Bombay auch sexuell sehr früh aktiv werden kann, so benötigt sie in der äußerlichen Entwicklung mehr Zeit. Die goldene Augenfarbe braucht manchmal bis zu einem Jahr, bis sie richtig intensive leuchtet.

Dieser Rasse sollte man nicht ungehinderten Freilauf gönnen, da sie auf Grund ihres sehr aufgeschlossenen, neugierigen und freundlichen Wesens keinerlei Angst vor Unbekanntem zeigen.

Einen gesicherten Auslauf im Garten oder ein Plätzchen auf dem, mit Katzennetz versehenen Balkon wird jedoch heiß geliebt und sie werden diese Möglichkeit begeistert annehmen.

Bombay-Katzen sind gesellige Katzen und sie sind am glücklichsten, wenn sie zu zweit gehalten werden.

Auch wenn sie Menschen über alles lieben und auch der Mensch seine Katze mit vielen Streicheleinheiten verwöhnt - so kann auch der liebevollste Mensch einen vierbeinigen Spielkameraden nicht ersetzen.

Möchte man seiner Bombay ein wunderschönes Leben bieten, dann wird dies gelingen, wenn sie zu zweit gehalten wird.

Und zwei Bombay-Katzen bedeuten für Menschen: doppeltes Beschmusen - doppelte Freude, die - beide - ihre Menschen heiß und innig lieben.

Viele Bombay-Besitzer bestätigen es immer wieder:

Wer einmal
mit diesen Katzen zusammen gelebt hat,
bleibt dieser Rasse ein Leben lang verfallen

Kauf

einer

Bombay-Katze

Augen auf beim Kauf

Es werden immer wieder in verschiedenen Online-Anzeigenmärkten schwarze Bombay-Katzen ohne Stammbaum", oder "Bombay-Mischlinge" als seltene Rarität und als "etwas ganz besonderes" für viel Geld angeboten.

Diese Katzen sind

- **KEINE Bombay-Katzen,**
- **KEINE Bombay-Mischlinge**
- **und schon gar KEINE "seltene Rarität",**

sondern es sind schwarze Katzen, deren Entstehung häufig nur mit irgendeiner schwarzen Katze zusammen hängt. Sie haben, außer der schwarzen Farbe, nichts mit einer reinrassigen Bombay-Katze zu tun.

Die reinrassige Bombay ist in Deutschland eine extrem seltene Katzenrasse und es gibt nur sehr wenige Züchter, die diese wunderschönen Katzen züchten.

Die Zucht der Bombay ist für diese Züchter nicht leicht, denn der Genpool dieser Katzen ist begrenzt und Züchter müssen nicht nur viel Anstrengung, Zeit und Verantwortung in diese Katzenzucht einbringen, sondern auch sehr viel Geld investieren, da neue Zuchttiere nicht selten von Züchtern aus dem Ausland importiert werden müssen.

Aus diesem Grunde sind alle diese Züchter in einem eingetragenen Katzenverein registriert und züchten **ausnahmslos mit Tieren, die einen Stammbaum haben**, aus dem die Vorfahren dieser Katzen zurück verfolgt werden können.

Keiner dieser Züchter würde reinrassige schwarze Bombay-Katzen ohne Stammbaum, oder gar Bombay-Mischlinge in einschlägigen Online-Portalen zum Verkauf anbieten.

Da die Bombay-Katze inzwischen immer mehr Liebhaber findet, gibt es nun leider auch immer mehr unseriöse Inserenten, die schwarze Hauskatzen(-mischlinge) als "Bombay-Katzen" anbieten, natürlich billiger als Bombay-Katzen mit Stammbaum, aber doch noch mit gutem Profit, den man mit der normalen Beschreibung einer schwarzen Hauskatze niemals erzielen würde.

Viele Katzenkäufer glauben so, ein Schnäppchen zu machen, da eine Bombay-Katze vom Züchter, mit Stammbaum, ihren Preis hat und diese Katzenrasse keine "Billig-Rasse" ist, jedoch zeigt sich immer wieder, dass dieses sog. "Schnäppchen" hinterher gar keines war, sondern Sie sind schlichtweg belogen und betrogen worden.

Haben Sie sich in die Rasse der Bombay verliebt und möchten gerne ein Jungtier in Ihre Familie aufnehmen, so kaufen Sie diese bitte nur und ausschließlich bei einem vereinsregistrierten Züchter, bei dem Sie mit dem Jungtier auch einen Stammbaum erhalten, der die Reinrassigkeit dieser Rasse bescheinigt.

Der Stammbaum ist der einzige tatsächliche Nachweis, dass es sich bei einer Bombay auch wirklich um eine reinrassige Bombay-Katze handelt.

- Googlen Sie im Internet nach der Katzenrasse Bombay,
- schauen Sie sich die Homepages von Bombay-Züchtern an,
- schauen Sie sich die Bilder auf diesen Seiten **genau** an,
- informieren Sie sich gründlich über die Rasse und wie eine Bombay auszusehen hat.

Sie werden danach den Unterschied zu "stammbaumlosen Bombay(mischlingen)" ganz genau erkennen und selbst die Erkenntnis bekommen, dass es sich bei solchen Angeboten nicht um reinrassige Bombay-Katzen (oder Mischlinge daraus) handeln kann.

Eine reinrassige Bombay-Katze hat ein lackschwarzes, glänzendes und enganliegendes Fell, **ohne weiße Flecken** im Fell. **Schon gar nicht dürfen Bombay einen weißen Brustfleck, oder weiße Füßchen haben**.

Die reinrassige Bombay-Katze ist tiefschwarz durchgefärbt bis auf die Haut.

Ebenfalls hat die reinrassige Bombay eine tief gelbe / goldene Augenfarbe. Keinesfalls hat eine Bombay-Katze grüne, oder gar blaue Augen.

Achten Sie auf diese Merkmale - Sie werden dadurch schon mit bloßem Auge erkennen können, welche Katze Ihnen als "Bombay(mischling)" angeboten wird.

Schauen Sie sich die nachfolgenden Bilder an. Auch diese zeigen Ihnen den Unterschied:

schwarze Hauskatze

schwarze Bombay-Katze

Worauf soll ich bei einem Züchter achten?

- Ein seriöser Züchter ist Mitglied in einem anerkannten Zuchtverein und züchtet nur mit reinrassigen Tieren, die einen Stammbaum besitzen.

- Ein seriöser Züchter nimmt sich Zeit für Sie und bedrängt Sie nicht zum Kauf.

- Ein seriöser Züchter ist in erster Linie freundlich und aufrichtig und er gibt auf alle Fragen bezüglich der Zucht und Aufzucht seiner Jungtiere eine ehrliche Antwort.

- Ein seriöser Züchter sieht in erster Linie das Wohlergehen seiner Katzen und nicht, wie viel Ausstellungspokale er im Schrank stehen hat.

- Ein seriöser Züchter redet Ihnen nicht ein (vor allem wenn er schon viele Jahre züchtet), dass es keine Katzenkrankheiten gibt und es bei ihm noch nie in all den Jahren gesundheitliche Probleme gab, denn das gibt es nicht. Genauso wie wir Menschen erkranken können, können es auch unsere Katzen.

- Seriöse Züchter geben in der Regel ihre Jungtiere mit 15/16 Wochen ab und das aus gutem Grund: die Jungtiere können die Mama noch etwas länger genießen und von ihr lernen – die Jungtiere sind kräftiger und verkraften den Umsetzungsstress bedeutend besser und die Jungtiere haben ca. vier Wochen länger Zeit, Ihr Immunsystem im gewohnten Haushalt zu stärken, was sich wiederum positiv auf die Umsetzung ins neue zu Hause auswirkt. Seriöse Züchter wissen das und gönnen ihren Katzenkindern diese längere Zeit.

- Bei einem seriösen Züchter erfolgt die Abgabe des Jungtieres, neben Stammbaum und Impfausweis, mit aktuellem, vom Tierarzt ausgestellten Gesundheitszeugnis, sowie einem ordentlichen Kaufvertrag.

- Ein seriöser Züchter gibt Ihnen niemals ein krankes Tier mit nach Hause, sondern wird Sie darum bitten zu warten, bis ein eventuell vorhandener Infekt ausgeheilt ist.

- Ein seriöser Züchter verkauft nicht an jeden, nur des Geldes wegen, sondern achtet darauf, dass die Rahmenbedingungen für die Katze stimmen. Das schließt ein, dass er sich neben seiner eigenen Rasse auch mit anderen Katzenrassen auskennt und genau weiß, zu welcher Katzenrasse seine abgabebereiten Katzen passen.

  Eine Aussage wie: *„Katzenrasse ist egal – diese Rasse versteht sich mit allen…."* zeigt, dass dieser Züchter wenig Ahnung hat, denn jede Katzenrasse hat ihre charakterlichen Eigenschaften, ihre eigenen Bedürfnisse und passt nicht mit jeder Katzenrasse zusammen.

- Ein seriöser Züchter hilft Ihnen, nach dem Kauf, bei eventuellen Schwierigkeiten mit Ihrem Jungtier und nimmt dieses im Notfall auch wieder zurück, wenn es mit der Integration nicht klappen sollte.

- Ein seriöser Züchter lässt Sie auch nach Jahren mit Ihrer Katze nicht im Stich, sondern ist bemüht, Ihnen und dem Tier bei Problemen zu helfen.

- In einem seriösen Züchterhaushalt ist es sauber. Die Katzen des Züchterhaushalts machen einen gesunden und gepflegten Eindruck, leben im Haus und haben eventuell ein Freigehege zur Verfügung. Sie sind aber keinesfalls Freigänger, die unkontrolliert Auslauf haben.

- In einem seriösen Züchterhaushalt muss immer die Mutterkatze mit anwesend sein,
außer, wenn die Mutter bei der Geburt der Kätzchen verstorben sein sollte – hierüber muss es jedoch dann einen Nachweis geben (z.B. Tierarzt/Tierklinik).

- Ein seriöser Züchter lebt mit seinen Katzen, sperrt sie nicht in ständige separate Einzelhaltung (Deckkater) und wechselt seinen Katzenbestand nicht jährlich aus.

- Ein seriöser Züchter zieht nicht über andere Züchterkollegen her und macht diese nicht schlecht.

- Ein seriöser Züchter braucht keine ständige Beweihräucherung seiner selbst, wie gut er doch ist....und andere viel schlechter.

- Ein seriöser Züchter braucht kein „Fishing for compliments" und er schmückt sich auch nicht mit fremden Federn, sondern er zeichnet sich vielmehr durch seine Zuchtarbeit und seine eigene Nachzucht aus.

- Ein seriöser Züchter zeichnet sich ebenfalls aus, dass er Ahnung von seiner Rasse hat, Stammbäume lesen kann und das genetische Hintergrundwissen über Erbkrankheiten und Farbgenetik besitzt.

Wie erkenne ich eine gesunde Katze?

Um es vorweg zu sagen:
es kann in einem noch so verantwortungsvollen, sauberen und gepflegten Züchterhaushalt auch zu Erkrankungen kommen. Dagegen ist niemand gefeit und gegen alles kann man nicht vorbeugen.

Ein guter Züchter wird jedoch immer bemüht sein, eventuelle Erkrankungen erst behandeln und ausheilen zu lassen und seine Tiere nur in gesundem Zustand abzugeben.

Gesunde Jungtiere sollten folgende Merkmale aufweisen:

- Die Jungtiere sind sauber und gepflegt,
- die Nase und Augen sind klar, ohne Ausfluss, Verkrustungen und ohne Lichtempfindlichkeit,
- die Ohren sind frei von schwarzen Krusten und die Katze zeigt keinen Kratzzwang oder Kopfschiefhaltung,
- die Atmung ist normal und ohne Niesattacken,
- im Fell sind keine schwarzen Krümel zu erkennen und die Katze kratzt sich auch nicht ständig,
- das Fell ist glänzend, dich anliegend und weist keine kahlen Stellen auf,
- der Popo ist sauber und das Fell nicht kotverschmiert,
- die Jungtiere sind wohl genährt, nicht knochig und haben keinen aufgeblähten Bauch,
- vom Wesen her sind die Jungtiere agil, neugierig und verspielt,

Informationen über die Bombay-Zucht der Autorin

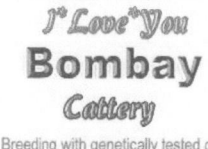

Meine kleine Katzenzucht befindet sich im schönen Westerwald, in herrlicher Natur.

Seit ich die Bombay zum ersten Mal gesehen habe, war ich von der Schönheit dieser Katzenrasse fasziniert.

Ich habe mich seitdem immer mehr mit der Bombay-Katze beschäftigt, viel über sie gelesen, mich mit anderen Züchtern ausgetauscht und durch die eigene Zucht auch sehr viel über sie gelernt.

Mein Bestreben ist eine gesunde Bombay-Zucht mit wesensfesten, getesteten Zuchttieren und typvollem Nachwuchs.

Das ist nicht immer leicht und es gibt auch hin und wieder einmal traurige Rückschläge, aber diese liebenswerte Rasse ist es wert, weiter zu machen und alles dafür zu tun, dass uns allen die Bombay-Katze erhalten bleibt.

Selbstverständlich erhalten die Jungtiere aus meiner Zucht auch die korrekte Rassebezeichnung in den Stammbäumen:

Schwarze Bombay
= Bombay black

Braune Bombay
= Bombay sable

Meine Zuchtkatzen

Meine Zuchtkatzen und -kater stammen aus europäischen, amerikanischen und französischen Blutlinen.

Inzwischen bin ich soweit, dass ich mit meiner eigenen Nachzucht weiter züchten kann und darauf bin ich sehr stolz.

Meine Zuchttiere werden mittels DNA-Test kontinuierlich auf die Erbkrankheiten, getestet, die z.Zt. möglich sind:
Head-Defect - GM2-Gangliosidose – Hypokaliämie - PKD1

Alle meine Zuchttiere und die daraus folgenden Nachkommen sind

GM2-Gangliosidose	negativ
Hypokaliämie	negativ
PKD1	negativ

Auch mir blieb es nicht erspart, dass ich anfangs Zuchtkatzen erhalten habe, die Trägertiere für den Head-Defect waren.

Im Laufe der Zeit jedoch und dank des DNA-Tests ist es mir nun möglich, die Defektträger zu erkennen und immer mehr aus der Zucht zu nehmen.

Mein Ziel ist, nur noch und ausschließlich mit negativ getesteten Zuchtkatzen zu züchten.

Die Aufzucht unserer Jungtiere

Vom Tag der Geburt, bis zur Stubenreinheit, in der Regel bis zur 6./7.Woche, werden meine Jungtiere in einem speziellen Kinderzimmer großgezogen. Die Mutterkatzen können dieses Zimmer jederzeit verlassen und auch meine anderen Katzen können die Jungtiere besuchen, denn dieses Zimmer ist offen, jedoch mit einem halb-hohen Türschutz versehen, den die Kleinen nicht überklettern können, aber die Mutterkatzen und meine anderen Katzen.

So bleibt der ständige Kontakt der Katzen untereinander erhalten, die Kleinen lernen dadurch ebenfalls sehr früh die gesamte Katzengruppe kennen (und auch umgekehrt), so dass das Leben in der Katzengemeinschaft, wenn die Kleinen dann überall herumlaufen können, ohne jegliche Probleme für alle funktioniert.

Sind die Jungtiere stubenrein, können sie sich von nun an mit allen anderen frei in der Wohnung bewegen, mit im Bett schlafen und sich auch draußen im Freigehege aufhalten. Sie haben jetzt auch gelernt, wie man auf Kratzbäume hinauf und wieder erfolgreich herunter klettern kann, so dass die deckenhohen Kratzbäume in meiner übrigen Wohnung keine Gefahr mehr für sie darstellen, eventuell herunterzufallen oder nicht mehr herunterkommen zu können.

Meine Jungtiere werden u.a. tierärztlich auch durch Hausbesuche bestens betreut.

Ich erlaube meinen Jungtieren selbstverständlich auch nach draußen ins gesicherte Freigehege zu gehen, was sie sehr genießen. Meine Erfahrung zeigt, dass die Kleinen durch die Ausflüge in "Luft und Natur" sehr widerstandsfähig werden und ihnen auch Wind und kältere Tage nichts ausmachen. Sie entwickeln dadurch ein sehr stabiles Immunsystem und sind weniger gegen Zugluft, Nässe oder Kälte empfindlich.

Auch wenn sie in begrenztem Rahmen "Mutter Natur" bei mir kennengelernt haben, so gibt es später keinerlei Probleme, wenn sie keine Möglichkeit mehr haben, sich in einem Freigehege aufhalten zu können. Ein gesicherter Balkon oder ein gesichertes offenes Fenster wird als Alternative sehr gern angenommen und die Katzen vermissen nicht, dass sie bei mir im Freigehege waren. Dies wird mir immer wieder von den neuen Besitzern meiner Jungtiere bestätigt.

Meine Jungtiere gebe ich frühestens mit 16 Wochen ab. In diesem Alter verkraften sie den Abschied von Mama und Geschwistern sehr gut und auch ihr Immunsystem ist stabil für den Umzug ins neue zu Hause. Die Kleinen erhalten damit die besten Voraussetzungen für ein weiteres gesundes Aufwachsen bei ihren neuen Besitzern.

Zum Abschluss

Ich hoffe sehr, dass Ihnen die Informationen über die Bombay-Katze gefallen haben.

Möchten Sie weitere Informationen, so lade ich Sie herzlich ein, meine Webseite

www.bombay-cats.com

zu besuchen.

Hier finden Sie viele weitere schöne Fotos und immer die aktuellsten News aus meiner Cattery.

Natürlich finden Sie mich auch auf facebook:

facebook: *Bombay-Zucht der Autorin*
https://www.facebook.com/bombaykatzen?ref_type=bookmark

Hinweise

Bücherseite der Autorin

www.katzenbuch.eu

facebook: *Barbara Hickmann (Bücher)*
https://www.facebook.com/BuchHickmann?ref_type=bookmark

Bildmaterial dieses Buches
Barbara Hickmann

Quellennachweise:
Cat Fanciers' Association - http://www.cfainc.org/
Laboklin, Bad Kissingen – www.laboklin.de

Barbara Hickmann

Basiswissen
Katzenzucht

Ein Leitfaden für Zuchtanfänger

Barbara Hickmann

Katzen

geboren, um gesund zu leben

Sanfte Hilfe bei Bakterien, Viren & Co

Barbara Hickmann

H U N D E N

hilft Natur

Sanfte Hilfe
bei Bakterien, Viren & Co.